LES PRIVILEGES ET STATVTS

DES MARCHANDS ET MAISTRES

Ouvriers en draps d'Or, d'Argent & de Soye de la ville de Tours, créez par le Roy Louïs XI en l'année 1480.

CONFIRMEZ ET AVGMENTEZ par d'autres beaux Priuileges par Charles VIII. son Fils és années 1415 : Et confirmez par tous nos Rois ensuiuant, & mesme par nostre Roy Louïs XIV. à present regnant en l'année 1650. & confirmez par Arrest le 15. Ianvier 1665. cy-attaché.

Fait Imprimer par PIERRE BVRAY, Maistre dudit Estat.

A PARIS.

De l'Imprimerie de IACQVES LE GENTIL ruë des Noyers, au coin de la ruë S. Iean de Beauvais.

M. D. C. LXV.

HARLES PAR LA GRACE DE DIEV
ROY DE FRANCE: Salut, Sçauoir faisons à tous ceux
presens & à venir, auons receu l'humble supplication de
nos chers & bien aimez, les Maistres Ouvriers & Compa-
gnons besongnans de l'Art & Mestier de faire drap d'or & de soye,
en nostre ville de Tours, Contenant que comme japresa feu nostre
tres-cher Seigneur & Pere, que Dieu absolue, pour le bien, profit &
vtilité de la chose publique de nostre Royaume, & aussi pour mettre & édifier par temps en iceluy nostre Royaume, l'art & science
de faire ouvrer, besongner & labourer desdits draps d'or & de soye,
eust fait venir grand nombre desdits Maistres Ouvriers, tant de la
ville de Gennes, qu'autres lieux estrangers, & iceux mis & establis
en nostre ville de Tours, pour y besongner; ausquels & à leurs femmes & enfans, & aussi à ceux qui besongnent & seroient receus à
besongner dudit Art, tant de nostre Royaume, qu'Estrangers, il
donne & octroye plusieurs beaux Priuileges, franchises, libertez &
exemptions, ainsi qu'il peut apparoir par ses Lettres Patentes en
forme de Chartres, verification & expedition d'icelles, desquelles la
teneur ensuit.

LOVIS PAR LA GRACE DE DIEV ROY DE
FRANCE : Comme depuis dix ans en ça, ou enuiron, pour le
bien, profit & vtilité de la chose publique de nostre Royaume, &
aussi à nostre plaisance, Nous auons fait venir, habituer & demeurer
en nostre ville de Tours, bien-amez Iaconnet de Boujam Appareilleur de soye, Marcelle la Cauanne Teinturier, Maufrain Carmi-
gnolle Filaseur, Hillaire de Focie, André Itella, Marquet de Beniz,
François Garibaude, Malleteste de Boulongne, Genese Rissé, Ra-
phaello Pareto, Bastien   Iean Bonnet, Eculdasac de Vola-
rio, Dame Perruche de Boujan, de Camogy, Baldesac, de Seigne, &
autres qui depuis sont allez de vie à trépas, de la Nation d'Italie,
Iacques Cathacale Tireur d'or, venant de la Nation de Grece &
Estrangers de nostre Royaume, Guillaume de Bourgoinet, dit le
Satinier, & Guillaume du Chastel François, Tous Ouvriers & fai-
seurs de draps de soye, lesquels pour Nous seruir, obeïr & complaire,

A

ont liberalement abandonné les païs de leur Nation,& lieux où ils eſtoient demeurans & habituez,& ont toûjours depuis demeuré en icelle noſtre ville de Tours , beſongnans dudit Meſtier ; & illec de noſtre Ordonnance appris iceluy Meſtier à Adam Hubert Appareilleur,Iean Hubert & Iean Bierre, Lancelot, Lebaſque, François Hubert,Pierre Dulion,Guillaume Monnet, Guillaume Mondenis, Laurens Mondenis, Eſtienne Chapelier, Eſtienne de Bourgongne, Antoine de Remigle,Antoine de Montbriſon,Iean de Lornin,Iean Eulart,Mathieu Vincent,& Antoine Bourgeru:tous natifs de nôtre Royaume ; & auſſi à Baptiſte de Bergeron,Iacques de Pauie, Bernard Riſſé,Leonnard de Boulongne, Negra de Carmenquele,Iacquemart de la Varanne,dudit païs d'Italie; leſquels ſont de preſent Ouvriers,& pluſieurs autres Apprentifs à preſent beſongnans dudit Meſtier & artifice de draps d'argent & de ſoye en noſtredite ville de Tours,pour leſquels entretenir & faire ouvrer & beſongner, Nous auons commis & ordonné noſtre amé feal Conſeiller & Secretaire de nos Finances, Mᶜ Guillaume Briçonnet, auquel Nous en auons baillé la charge. Et combien que dés lors Nous euſſions cõmandé par nos autres Lettres Patentes,Nous euſſions iceux Ouvriers affranchis, quittez & exemptez de toutes Tailles, Impoſts, Aides,Subſides, Subuentions quelconques, miſes & à mettre ſus de par Nous;& auſſi authoriſé & habilité ceux qui eſtoient & ſont du païs Eſtranger, & non natifs de noſtre Royaume , & pouvoir d'acquerir en iceluy Royaume tous & tels biens qu'ils y pourroient acquerir,& d'iceux diſpoſer à leur plaiſir & volonté.Toutesfois psource que meſdites Lettres que encõmandaſmes lors ne furent ſignées & expediées par vn de nos Secretaires ordõnez à ſigner & expedier au fait de noſdites Finances,ne en forme telle qu'elle appartient, & que ſur icelle n'a eſté fait par les Gens de nos Comptes, Treſoriers de France, & Generaux de nos Finances, aucune expedition,enterinement & attache, ainſi qu'il eſt requis & accoûtumé de faire, & les deſſuſdits Ouvriers d'obtenir que le temps à venir on vouluſt arguer le fait de noſdites Lettres eſtre de nulle valeur,& leur dõner empeſchement en ladite jouïſſance deſdits droicts par Nous à eux faits , ainſi qu'ils Nous ont plus pleinement fait dire & remonſtrer humblement, noſtre grace & prouiſion leur eſtre ſur ce impartie. SCAVOIR faiſons à tous preſens & à venir,que Nous ayant eſ-

gard & confideratrions aux chofes deffufdites,defquelles nous fom-
mes encore bien recorez & memoratifs. Voulant entretenir auf-
dits Ouvriers ce que par nous promis leur a efté à iceux Ouvriers
deffus nőmez,qui font eftrangers & non natifs de noftre Royaume,
& à chacun d'eux & auffi aux femmes & enfans de ceux qui font allez de vie à trefpas, & ceux qui feront eftrangers & viendront befongner dudit Meftier & demeurer en noftredite ville de Tours : A-
vons octroyé & octroyons,voulons & nous plaift,de noftre certaine
fcience,grace fpeciale,pleine puiffance & autorité Royale,puiffent
& leur loife acquerir en iceluy noftre Royaume tous les biens,
meubles & immeubles qu'ils y pourroient licitement acquerir, &
auffi de ceux qu'ils y ont déja acquis, difpofer & ordonner par tef-
tament ou ordonnance de derniere volonté, donnation faite entre
vifs, ou autrement ainfi que bon leur femblera, & que leurs femmes & enfans, ou heritiers qu'ils ont de prefent ou pourront auoir
le temps à venir, leur puiffent fucceder & aprehender les biens de
leurs fucceffions,tout ainfi que s'ils eftoient natifs de noftre Royaume, quant à ce les auons habituez & authorifez, & habituons &
authorifons par cefdites prefentes, fans ne qu'eux ne aucuns d'eux
ne leurfdites femmes, enfans ou heritiers, foient pour ce tenus ne
contrains à payer à nous ne à nos fucceffeurs,ores ne pour le temps
à venir aucune finance ou indemnité, qui à cette caufe nous feroit
& pourroit appartenir & eftre leué. Nous en faueur & confide-
ration que deffus, leur auons & à chacun d'eux, donné & quité,
donnons & quittons, à quelque fomme & eftimation qu'elles
puiffent monter par ces prefentes, que nous auons pour ce fignée
de noftre main : Et en outre afin que les deffufdits Ouvriers &
Aprentifs de draps de foye tant Eftrangers que de noftre Royaume, qui font de prefent & feront pour le temps à venir, puiffent
mieux vivre & eux entretenir honneftement, & qu'ils ne foient
aucunement inquietez, moleftez ni trauaillez, & que autres ayent
cy-aprés eux meilleur courage d'aprendre ledit Meftier, eux y habituer en plus grand nombre d'Ouvriers ainfi que le defirons.Nous
à iceux Ouvriers qui font de prefent & feront pour le temps à venir , befongnans dudit Meftier & artifice de drap d'or, d'argent &
de foye leur vie durant, & auffi à leurs femmes vefves durant leurs
viduittez. Avons octroyé & octroyons , voulons & nous plaift,

qu'ils foient & demeurent leurs vies durant francs & quittes &
exempts de toutes Tailles, Impofts, Emprunts, & auffi de l'Impofition de douze deniers pour leur huiétiéme & quatriefme du vin,
entant que touche les fruits du crû & de leur heritages feulement
& fans fraude, & auffi de guet & garde de porte, pourveu que toutes fois, qu'iceux Ouvriers de draps d'or, d'argent & de foye, n'i-
ront aucunement befongner dudit Meftier hors noftredite ville de
Tours, fans vouloir, congé & confentement de nous, dudit Mai-
ftre Guillaume Briçonnet ou autre qui aura la Charge de les entretenir & faire befongner. Si donnons en mandement par cefdites prefentes à nos amez & feaux, gens de nos Comptes, Trefo-
riers de France, Generaux fur ce fait & Gouuernement de nos Finances, au Bailly de Touraine, Efleus pour le fait des Aydes, Or-
donnez pour la Guerre audit Pays, & à tous autres Efleus, Com-
miffaires commis & à comméttre pour mettre fus & affeoir & im-
pofer nos Tailles & Impofts, ou à leurs Lieutenans ou Commis,
prefens & advenir, & à chacun d'eux fi comme à luy appartiendra,
que de nos prefentes grace, congé, lieux, & oétroy, don, quittan-
ce, affranchiffement & chofes deffufdites, & chacunes d'icelles,
ils facent, fouffrent & laiffent lefdits Ouvriers de draps d'or, d'argent & de foye prefens & advenir leurs vies durant, & fembla-
blement, lefdites vefves & chacunes d'elles, jouïr & vfer per-
petuellement, pleinement & paifiblement, fans leur faire ne
fouffrir eftre fait aucun deftourbier ou empefchement au con-
traire: mais ce fait ou mis leur eftoit le mettre ou firent mettre à pleine deliurance & au premier eftat, & des incontinant &
fans delay: Car ainfi nous plaift eftre fait, nonobftant que la valeur de lad. Finance ne foit cy fpecifiée ne declarée que defcharge
ne foit leuée par noftre Treforier & quelconque autres Ordonnances, Reftriétions mandemens ou deffenfes à ce contraires; &
pour que de ces prefentes iceux Ouvriers pourront auoir befoin,
en plufieurs lieux, nous voulons qu'au vidimus d'icelle fait fous
féel Royal, foy foit adjouftée comme à ce prefent Original. Et
afin que ce foit chofe ferme & ftable à toûjours, nous avons fait
mettre noftre Scel à cefdites prefentes; fauf en autre chofes noftre droiét & l'autruy en toutes. DONNE' au Pleffis du Parc au
mois d'Oétobre, l'an de grace mil quatre cens quatre-vingt, & de

noftre regne le vingtiefme , ainfi figné LOVIS , *& fur le reply
defdites Lettres* , Par le Roy , Pierre Timanche General des Finances , & autres prefens , & Demerlé , Plus eft efcrit , fur ledit
reply : *Expedita in Camera Computotum Domini noftri Regis: Et ibi-
dem Librocartarum huius temporis folio 74. Regiftra figne Siuain pro-
uifo, que heredes fupplicantium fuis Regnicollé ordinatione Dominorum
actum ad burelum 26. die menfis Ianuarij anno Domini millo cccc. lxxx.
Ainfi figné, I. Chevalier.*

*Collationné à l'original eftant en parchemain , par nous Notaire
Royal à Tours fous-fignez le fixiefme iour de Iuillet mil fix cens foi-
xante-trois, rendu leditoriginal, qui eft le Livre où font tranfcrits les
Status & Priuileges donnez & octroyez par le Roy Louys XI. & de-
puis confirmez & augmentez par fes Succeffeurs Rois, aux Maiftres
Ouvriers en draps d'or, d'argent & de foye de Tours. Signé, BODIN
& VALTEAV Notaires Royaux.*

EXTRAICT DES LETTRES DV ROY EN DATTE
*du neufviéme jour de Nouembre mil quatre cens quatre-
vingt-deux, contenans les Statuts & Priuileges donnez aux
Maiftres Ouvriers en draps d'or , d'argent & de foye , demeurans en la ville de Tours, faux-bourgs & banlieuë d'icelle.*

LE Roy noftre Sire a exempté , quité & affranchi , quitte
& exempte & affranchift les deffus nommez de toutes Tailles,Subfides,& Impofts quelconques mis ou à mettre en ce Royaume, foit pour l'effet & entretenement de fes Guerres & autrement pour quelque caufe que ce foit , & auffi de l'impofition de
douze deniers tournois pour liure , huictiefme & quatriefme de-
nier du vin, en tant que touche les fruits de leurs heritages feulement.

AVTRE EXTRAICT DES LETTRES PATENTES
de confirmation & augmentation defdits Privileges, du Roy

Charles VIII. Fils de Louïs XI. données à S. Iuſt les Lyon,
au mois de May 1497.

AVONS octroyé & octroyons, voulons & nous plaiſt, qu'eux
& leurs ſucceſſeurs, beſoignans dudit Meſtier ſoient exempts
de tous peages & impoſitions foraines pour raiſon deſdits Ouvrages d'or, d'argent & de ſoye par eux faits ouvrez & labourez en
ladite ville, qu'ils les pourront mener & tranſporter au pays de
Bretagne ou autres noſtre Royaume, & de toutes autres choſes
qui touchent ledit Meſtier, & auſſi des autres des peages, terra-
ges des ſoyes, & ceux qu'ils acheteront ou feront acheter en
noſtredit Royaume pour employer par eux auſdits Ouvrages de
ladite drapperie de ſoye & non ailleurs, le tout ſans aucune fraude ne abus.

Par autres Lettres Patentes du Roy Louys XIII, de Iuillet
1617, leſdits Priuileges ont eſté confirmez, & icelles Lettres
confirmées, & icelles verifiées en la Cour des Aydes à Paris,
& en l'Election de la ville de Tours, en la meſme année 1617,

Extraict & collation fait ſur le Liure où ſont tranſcripts leſdits
Priuileges & exemptions eſtans entre les mains du Procureur de
la Communauté du Corps des Maiſtres Ouvriers en draps d'or,
d'argent & de ſoye de Tours, ce fut rendu par nous Notaire
Royal audit Tours ſous-ſigné le troiſiéme jour de Iuillet mil ſix
cens quarante & trois. Signé DAVID.

Collation faite de la preſente copie & autres copies à nous repreſen-
tée, ce fut rendu par le Notaire Royal à Tours ſous-ſigné. Signé,
RICHER.

Collation faite de la preſente copie eſtant en parchemain ſur le vidimus
d'iclle, ce faite, le tout rendu par nous Notaire Royal à Tours ſous-
ſigné. Signé, IOVYE. Notaire.

Extraict des Regiſtres de la Cour des Aydes.

LEV par la Cour les Lettres Patantes du Roy données à Fon-
tainebleau au mois de May 1611, ſignées, Louïs, & ſur le repli

Par le Roy,la Reine Regente ſa Mere preſente, Potier, & ſellées du grand Seau de cire verte, ſur lacqs de ſoye rouge & verte,obtenuës par les Maiſtres Ouvriers en draps d'or, d'argent & de ſoye de la ville, faux-bourgs & banlieuë de Tours, par leſquelles Sa Majeſté pour les cauſes y contenuës, leur confirmoit tous les Statuts, Priuileges & octrois confirmez par ſes predeceſſeurs Rois, ainſi qu'ils en auoient bien & deuëment jouy & vſé, jouïſſoient & vſoient encores à preſent, ainſi que plus au long il eſt porté par icelle. Arreſt du xi Mars 1617,par lequel eſt ordonné,que leſdites Lettres ſeroient regiſtrées au Greffe, pour du contenu en icelles, jouyr & vſer par leſdits Maiſtres Ouvriers en draps d'or,d'argent & de ſoye, & leurs vefves durant leur viduité, continuant ledit exercice dudit Art de Draperie en ladite ville de Tours ſeulement, ſuiuant le Reglement fait au mois de Septembre 1498. Autres Lettres Patentes du Roy en forme de Iuſſion, données à Paris au mois de May 1617, ſignées, Par le Roy, Louïs, Potier, & ſeellées du grand Seau de cire jaune, obtenuës par leſdits Ouvriers en draps de ſoye de la ville,faux-bourgs & banlieuē de Tours,à la Cour adreſſantes, portant mandement à icelle de proceder à la verification deſdites Lettres de confirmation de Priuileges accordez auſdits Maiſtres Ouvriers, pour en jouyr tant par ceux qui demeurent en ladite ville, que faux-bourgs & banlieuë d'icelle, & leſquels Sadite Majeſté a toûjours entendu y eſtre compris, & auſquels entant que beſoin ſeroit, a accordé & accorde meſmes Priuileges & Exemptions qu'à ceux demeurans en ladite ville de Tours, comme ne faiſans tous qu'vn ſeul & meſme Corps, regy ſous meſmes Regles & Statuts : & en ce faiſant,lever la reſtrinction portée par ledit Arreſt du xi Mars dernier. V E V auſſi la Requeſte deſdits Impetrans requerans l'enterinement & verification deſdites Lettres de confirmation conformément à ladite Iuſſion. Concluſions du Procureur general du Roy;& tout conſideré, L A C O V R a ordonné & ordonne, que leſdites Lettres ſeront regiſtrées au Greffe d'icelle, pour jouyr par les Impetrans demeurans en ladite ville & faux-bourgs de Tours,& Parroiſſes d'iceux ſeulement de l'effet contenu en icelles. P R Oɴ o ɴ c ᴇ' le ſeptiéme jour d'Aouſt 1617. Signé, DV MOVLIN.

LOVIS PAR LA GRACE DE DIEV ROY DE FRANCE ET DE NAVARRE. A tous preſens & à venir, Salut : Nos chers & bien-aymez les Maiſtres Ouvriers en draps d'or, d'argent & de ſoye de noſtre ville, faux bourgs & banlieuë de Tours, Nous ont fait remonſtrer, que le feu Roy Louïs XI, voulant eſtablir en France la Manufacture deſdits draps, choiſit ladite ville comme la plus propre audit eſtabliſſement; & poury attirer & faire venir les Ouvriers, leur donna pluſieurs Priuileges, franchiſes & exemptions, particulierement l'exemption de toutes Tailles, Impoſitions, Emprunts, Huictiéme & Quatriéme du vin, du crû de leurs heritages, & leur en fit expedier ſes Lettres en forme de Chartre du mois d'Octobre mil quatre cens quatre-vingts, bien & deuëment verifiées en noſtre Chambre des Comptes de Paris, & depuis confirmées par les Rois ſucceſſeurs, ſpecialement par les Lettres de Chartres de nos tres honorez Seigneurs & Peres, de glorieuſe memoire, Henry le Grand & Louïs XIII. des mois de Mars cinq cens quatre vings dix huit, & May ſix cens vnze, auſſi bien & deuëmēt verifiéesen noſtredite Chambre des Comptes & en nos Cours de Parlement & des Aydes dudit lieu. Enſuite deſquelles Lettres, Conceſſions, Confirmations & Verifications, les expoſans ont pleinement & paiſiblement jouy deſdits Priuilges juſques au Reglement des Tailles fait en Ianvier ſix cens trente quatre qu'ils y ont eſté troublez, ſous pretexte de l'article 14.ᵉ qui porte, *Que les Ouvriers en Soye ne iouiront d'aucunes exemptions*, quoy que la ville de Tours ni les habitans d'icelle n'y ſoiēt point ſpecifiez, & que vray-ſemblablement on ne les y ait pas entendu comprendre, comme n'eſtant ladite ville taillable, & deſireroient leſdits expoſans ſur ce leur pouruoir, les releuer dudit trouble, confirmer leurs Priuileges, exemptions & franchiſes, & leurs Statuts & Ordonnances de Police, requerans tres humblement nos Lettres ſur ce neceſſaires. A CES CAVSES, apres auoir fait voir en noſtre Conſeil leſdites Lettres de Chartre des mois d'Octobre mil quatre cens quatre vings, Mars cinp cens quatre vingt dix huit. & May ſix cens vnze, bien & deuement verifiées, cy-attachées ſous le contre ſeel de noſtre Chancellerie, deſirant favorablement traicter les expoſans, & les maintenir en tous leurs Priuileges, Exemptions, Franchiſes, Statuts

tuts

tuts & Ordonnances, de l'avis de la Reine Regente noſtre tres-
honorée Dame & Mere, & de noſtre grace ſpeciale, pleine puiſ-
ſance & authorité Royale, Nous avons auſdits Maiſtres Ouvriers
en draps d'or, d'argent & de ſoye de noſtre ville, faux bourgs &
banlieuë de Tours, continué & confirmé, continuons & confir-
mons, & en tant que beſoin ſeroit, concedé & octroyé, & de nou-
ueau, concedons & octroyons par ces preſentes ſignées de noſtre
main, tous leſdits Priuileges, Exemptions & Franchiſes de Tailles, Quatrieſme & Huitieſme de vin provenant du crû de leurs
heritages ſeulement, & les Statuts & Ordonnances de Police à
eux cy devant accordez, pour jouyr du tout par eux & leurs ſucceſſeurs, ainſi qu'ils ont cy-devant bien & deuëment jouy &
vſé, & qu'ils jouyſſoient & vſoient lors dudit Reglement de Ianvier 1634. conformement auſdites Lettres de conceſſion & confirmation, Arreſts de verifications d'icelles & autres Arreſts ren-
dus en noſdites Cours. Si donnons en mandement à nos amez
& feaux Conſeillers, les gens tenans noſtredite Cour de Parlement, Chambre des Comptes & Cour des Aydes à Paris, Preſidens, Treſoriers Generaux de France au Bureau de nos Finances
audit Tours, Lieutenant general au Bailliage, Preſidens & Eſleus
en l'Eſlection dudit lieu, & à chacun d'eux ainſi qu'il appartiendra, que nos preſentes Lettres de continuation, confirmation & nouuelle conceſſion deſdits Privileges & Exemptions ils
ayent à regiſtrer, & du contenu en icelles faire jouyr & vſer leſdits expoſans & leurs ſucceſſeurs pleinement & paiſiblement, ſans
permettre qu'il leur y ſoit donné aucun trouble ni empeſchement
nonobſtant ledit Reglement de Ianuier 1634. L'Arreſt de noſtre
dite Cour des Aydes intervenu ſur la verification du Bail general des Aydes, par lequel leſdits Ouvriers ont eſté debouttez de
l'oppoſition qu'ils y auoient formée & tous autres Arreſts, Ordonnances, Reglemens, Loix & choſes à ce contraires, auſquelles
nous avons pour ce regard dérogé & dérogeons par ceſdites preſentes: Car tel eſt noſtre plaiſir; & afin que ce ſoit choſe ferme
& ſtable à toûjours, nous avons à icelles preſentes fait appoſer noſtre Seel, ſauf en autre noſtre choſe noſtre droict, & l'autruy en
toutes. Donne' à Paris au mois de Mars l'an de grace 1650, & de
noſtre regné le ſeptieſme. Signé, LOVIS. *Et à coſté*, Regiſtrées
aux Greffes des Expeditions de la Chancellerie de France le 13.
Avril 1650, Signé, LE BRVN, *& ſur le reply*, Par le Roy la
Reine Regente ſa Mere preſente. Signé le TILLIER, *& à coſté*

Regiſtrées, ouy le Procureur General duRoy, pour jouyr par les impetrans de l'effet & contenu en icelles ſelon leur forme & teneur, ainſi qu'ils en ont cy-deuant bien & deuement jouy & vſé. A Paris en Parlement le 16, Mars 1650. Signé, GVYET, & ſeellé. *Collationné à l'Original eſtant en parchemain, & rendu par nous Notaire à Tours ſous-ſigné le 15. Mars 1663. Signé , IOVYE'.*

Extraict des Regiſtres de Parlement.

VEV par la Cour les Lettres Patentes du Roy, données à Paris au mois de Mars 1650. ſignées Louys,& ſur le reply,Par le Roy,la Reine Regente ſa Mere preſente,le Tellier, & ſellées ſur lacqs du Grand Seau en cire verte,par leſquelles, & pour les cauſes y contenuës, ledit Seigneur Roy de l'avis de ladite Dame Reyne Regente, & authorité Royale , auroit continué, reſtabli & confirmé aux Maiſtres Ouvriers en draps d'or,d'argent & de ſoye de la ville,faux-bourgs & banlieuë de Tours, tous les Priuileges,Franchiſes &'Exemptions des Tailles,Quatriéme & Huitiéme du vin proueuant du cru de leurs heritages ſeulement, & les Statuts & Ordonnances de Police à eux cy-devant accordez pour jouïr du tout par eux & leurs ſucceſſeurs ainſi qu'ils en ont cy-devant bien & deuëment iouy & vſé,& qu'ils iouiſſoiēt & vſoient lors du Reglement de Ianuier 1634,conformement aux Lettres de conceſſion & Arreſt de verifications d'icelles,comme plus au long eſt contenu auſdites Lettres à la Cour adreſſantes. Autres Lettres Patentes de confirmation deſd. Privileges des Predeceſſeurs Rois verifiées en ladite Cour eſtant ſous le contre-ſeel de la Chancellerie.Requeſte deſdits Ouvriers afin d'enterinement deſdites Lettres du 26 Avril dernier. Arreſt du 4. May dernier,par lequel auroit eſté ordonné,ſans s'arreſter à l'oppoſition de François Paris, Prevoſt de ladite ville de Tours,& Louïs Poitevin, Subſtitut du Procureur General du Roy audit Siege , il ſeroit paſſé outre à la verification deſdites Lettres, Concluſions du Procureur General: tout conſideré, LADITE COVR a ordonné & ordonne que leſdites Lettres ſeront regiſtrées au Greffe d'icelle,pour iouyr par les impetrans de l'effet & contenu en icelles ſelon leur forme & teneur,ainſi qu'ils en ont cy-devant bien & deuëment iouy & vſé. FAIT en Parlemēt le 16 May 1650. Signé GVYET ,auec paraphe.

Collationé à l'Original eſtant en parchemain & rendu par nous Notaire Royal à Tours ſous-ſigné, le 15 Mars 1663. Signé , IOVYE.